LA FINCA DE LOS GRISSOM EN GREENUP

Aventuras de los primeros primos

Libro 3

Contada por:

Los primos Katherine Stover, Sherry Campbell, Kristina Weeks y Letha Bishop

Escrita en noviembre de 2021 por:

Dr. Kristina Weeks

Traducido en 2022 por:

Maria Ximena Calero M.Ed

ISBN: 9798985253559

Editor: Wandah Gibbs, Ed.D.

Traducción y edición en español:

Maria Ximena Calero

Impreso en Los Estados Unidos

WGW Publishing Inc.

Rochester, NY

DEDICADO A NUESTRA TÍA VI...

Viola Kay Grissom Holder, nació en Greenup, Illinois el 23 de diciembre de 1947, falleció el 23 de abril de 2021, en Lynchburg, Virginia con la familia a su lado.

Viola se graduó del colegio Maroa-Forsyth High School y obtuvo un diploma del Colegio Bíblico Internacional, una licenciatura en Ciencias de la Universidad *Southwestern Assemblies of God* y una

Maestría en Ciencias de la Universidad del Norte de Texas.

La tía Vi se crió en una granja en Illinois, donde ella y sus hermanas lograron un éxito récord como trío de cantantes. Las Hermanas Grissom se presentaron en eventos con *The Speer Family, The Oakridge Boys, The Statement* y muchos otros. Viola tocaba el piano, el clarinete, el saxofón alto, tenor y saxofón.

Se desempeñó como secretaria de servicio civil del Ejército y como maestra en la Escuela Cristiana Cobb.

Viola fue una ávida investigadora genealógica. Se le atribuye haber localizado y reunido a Jack Holder con su hermano Eugene Sr. después de 71 años de separación. Viola publicó múltiples artículos en numerosas sociedades genealógicas.

Su segunda carrera fue como Registradora Académica, donde se desempeñó como Archivera e Historiadora Universitaria en la Universidad *Southwestern Assemblies of God en Texas* (SAGU). Es coautora de una biografía con el historiador Bob Burke y cinco libros sobre la historia de SAGU.

En medio de sus logros, la mayor alegría de Viola vino del amor de su familia. Su corazón estaba lleno con su esposo Eugene Cole Holder a su lado, con sus hijos y con sus nietos.

Capítulo 1
Las flores de la abuela

Durante cada primavera, la abuela Alene plantaba flores; petunias rosadas, violetas, e iris morados cerca del camino de la entrada. Un montón de llantas usadas pintadas de blanco servían como macetas a lo largo del camino de entrada con tapas de botellas. Las flores florecían a plena luz del sol y realzaban el camino de entrada.
La tía Vi, la tía Letha y la abuela Alene cuidaban de las flores regándolas y quitándoles las malas hierbas regularmente.
Uno de esos días, cuando la tía Vi estaba regando las flores, se pudieron ver pequeñas orugas y gusanos dentro de las llantas.

—¡Miren! exclamó Letha Carol—

—¡Hay un gusano debajo de las flores rosadas! Se está arrastrando a través de ellas"— dijo Letha Carol, mientras todos los ojos de los primos seguían al gusano deslizándose por la tierra.

—¿Deberíamos recogerlo?— preguntó Sherry Kay.

—No, solo déjalo—respondió Kathy.

—Bueno, quiero verlo en persona— dijo Kristi y con eso, recogió el gusano.

—Qué asco, asqueroso, repugnante y simplemente desagradable— dijo Kathy.

—¿Por qué quieres recoger un gusano?— continuó Kathy.

—Para ver cómo funciona— respondió Kristi. —Observamos a los animales del abuelo comer, jugar y dormir. ¿No podemos ver cómo funciona un gusano?

—Bueno, resulta que sé que eso es una lombriz de tierra. Es hermafrodita y puede

descomponer otras materias en la tierra—
intervino Letha Carol.
—Eso lo aprendimos en la clase de ciencias con la Sra. Holder— continuó Letha Carol.

—¿La tía Vi fué tu maestra?— preguntó Sherry Kay.

—Sí— respondió Letha Carol.

—Puede vivir hasta seis años— continuó Letha Carol y puede crecer hasta 14 pulgadas de largo.—

Luego, la conversación se detuvo por un momento mientras Kristi sacó la lombriz de la llanta y la colocó en el suelo para seguir examinándola.

—Parece viscoso— dijo Kathy.

El gusano se movió y los primos retrocedieron. Decidieron que era hora de volver a dejarlo. El descubrimiento del *Lumbricus Terrestris* fue intrigante, pero era hora de volver a sus tareas.

—Letha Carol, ¿recuerdas cuando tu mamá hablaba de las gallinas? —preguntó Sherry Kay.

—Si lo recuerdo— respondió Letha Carol.

Los pensamientos de Letha Carol volvieron a la conversación con su madre. Lela, Letha, Vi y Velma tenían diferentes tareas cada una. Lela y Letha ayudarían a la abuela Alene con las tareas del hogar. Vi y Velma ayudarían con las tareas del exterior. Un día en particular, Letha se unió a Vi y Velma con las tareas del exterior, incluidas las del gallinero.

Era un día soleado y las hermanas Grissom tenían mucho trabajo por hacer en la finca. Hoy, las tareas exteriores consistían en alimentar los cerdos, limpiar los dos establos de la granja y limpiar el gallinero.

Las tareas dentro de la casa consistían en aspirar los tapetes, enlatar las arvejas y preparar la masa del pan. Iba a ser un día muy ocupado.

—Vi, ¿tu sabes donde está la comida guardada?—preguntó Velma.

—Mi papá dijo que puso una nueva bolsa de alimento en el establo de los cerdos— respondió Letha Mae.

OK lo comprobaré. Iré a buscarlo y luego nos vemos en el establo— respondió Velma.

Letha Mae y Vi se unieron a Velma en el establo. El abuelo había comenzado a limpiar los corrales. Podías oler el aroma por millas porque había alrededor de 300 cerdos. Las pilas de extracto tenían que limpiarse primero raspando el piso de tierra con la pala y luego usando el tractor para transportarlo.

Los establos acababan de limpiarse, lo que les facilitó a las hermanas el trabajo de alimentar a los cerdos. Luego, el alimento se colocaba en enormes barriles cortados a la mitad dentro del establo.

—Tengo la carretilla y el alimento— gritó Velma.

—Voy a comenzar a darles el alimento— dijo Letha.

Mientras Letha comenzaba a verter el alimento en la carretilla, Lela comenzó a espantar a los cerdos en el primer establo hacia un lado de la pocilga. Este fue un trabajo difícil porque los cerdos siempre querían correr hacia el contenedor de alimento para tratar de ser los primeros en comer. Cada puesto tenía alrededor de 12 cerdos.

—¡Coche, coche!— dijo Lela para espantarlos.

—Vente para acá— continuó.

—Dije, vente para acá— frustrada, continuó Lela.

Ya en ese momento los cerdos sabían que era hora de almorzar. Sus chillidos se podían escuchar a millas de distancia mientras Lela continuaba espantando a los cerdos.

—Voy a sacar el alimento para ponerlo en los recipientes alimentadores— dijo Vi.

—Si sigues empujando la carretilla, terminaremos bastante rápido— continuó Vi.

—Seguro— respondió Velma.

—Sigue espantando a los cerdos— le gritó Vi a Lela.

—Ayudaré a Lela— dijo Letha.

De esta manera, las Hermanas Grissom alimentaron a los cerdos. Luego, era el momento de encargarse del gallinero.

Las hermanas Grissom disfrutaban trabajar juntas porque ellas podían practicar canto mientras trabajaban. Usualmente, ellas practicaban después de la cena y después de que la sesión de piano había finalizado, pero cantar mientras trabajaban hacía que el trabajo fuera más divertido.

Mientras caminaban hacia el gallinero, la canción, Dios es tan grande, se podía escuchar a kilómetros a la redonda. Las hermanas cantaban en armonía; soprano, contralto y 2da soprano.

La melodía, el tempo y la armonía se unieron debido a lo mucho que practicaron.

Las gallinas tenían un gallinero que les permitía moverse por dentro y por fuera. La cerca de alambre de púas significaba que se podía entrar y salir rápidamente del gallinero si era necesario.

—Tú ve primero— dijo Velma.

—No, tú vas primero— dijo Vi.

—No, tú debes ir primero— dijo Velma.

—Bueno está bien, yo voy primero— dijo Letha.

Luego abrió la puerta del gallinero y como una forma de defensa propia, metió las manos primero en caso de que las gallinas la atacaran.

—Yo voy a agarrar los huevos y tú los pones en las canastas— le ordenó Letha.

—Yo tengo mi canasta aquí mismo— dijo Vi.

Justo cuando estaba Vi respondiendo a Letha, una gallina audaz y melancólica voló por los aires. ¡Aterrizó justo en la cabeza de Velma! Se escuchaban gritos no solo del gallinero y no solo de Velma, sino de toda la manada.

—¡Ayuda ayuda ayuda!— gritó Velma.

—Quítamela, quítamela— continuó Velma, mientras sus manos se agitaban de arriba hacia abajo.

—¡No puedo soportarlo!— gritaba ella.

Otra gallina empezó a hacer el "baile circular" alrededor de Velma. Comenzó el llamado y la gallina que estaba sobre la cabeza de Velma también comenzó a bailar y luego atendió el llamado de la otra gallina.

Para entonces, Letha y Vi se partían de la risa.

—Parece que se gustan— dijo Vi.

—Esto es una locura— continuó Letha.

Más tarde ese día, Letha Carol soltó una carcajada mientras les contaba la aventura a los otros primos.

—Creo que las hermanas se sorprendieron cuando las gallinas hicieron esto— dijo.

—Velma estaba saltando arriba y abajo, y Vi estaba tratando de ayudarla. Letha estaba tratando de calmar a los otros pollos. Fue un caos— Letha Carol dijo riéndose.

Velma finalmente se quitó la gallina de la cabeza y salió corriendo lo más rápido que pudo del gallinero. Velma estaba usando sus manos para revisar su cabello para ver si algo MÁS había aterrizado en su cabeza. Vi y Letha la siguieron.

El rostro de Letha Carol brilló de alegría. Acababa de volver a contar una parte de la vida en la finca que a veces creaba desafíos. Ella continuó con una risita en su voz:

—Vi, revisa su cabeza— le dijo Letha.

—No tengo ganas de limpiar los establos de los caballos— afirmó Velma.

—Bueno, puedes reunir el equipo y nos observan— dijo Vi.

—Ahora a los establos de los caballos... ¡qué desastre!

—Letha Mae, ¿sabes dónde están las palas?— preguntó Velma.

—Mi Papá dijo que los dejó en el cobertizo— respondió Letha Mae.

—Está bien, lo revisaré. Tomaré tres palas y nos vemos en el granero— le anunció Velma.

Los establos de los caballos se alineaban a ambos lados del granero. Había que traer el heno y esparcirlo usando una horquilla a la vez. Eso fue fácil. Entrar en los establos y limpiar el heno viejo y otras cosas fue la parte difícil.

—Eso fue muy divertido, Velma. La gallina que quería bailar—dijo Letha, recordándole a Velma lo que acababa de suceder.

—¡No, no fue!— exclamó Velma. Nunca más en mi vida entraré a ese gallinero— ella continuó.

—¿Por qué no? fue solo un pequeño incidente— le dijo Letha.

—No hay necesidad de enojarse tanto por eso— dijo Vi, mientras comenzaba a limpiar el primer puesto.

—Bueno, sé que si te pasara a ti, también estarías molesta— continuó Velma.

Entonces, así nada más, el caballo en el primer establo dejó escapar un fuerte -relincho-. Parecía que el caballo estaba de acuerdo con Velma. Todas las hermanas se echaron a reír. Era como si el caballo hubiera estado escuchando toda la conversación.

Capítulo 2
La pistola de papas del primo Ricky

Por suerte, se hicieron diseños creativos en la granja a partir de piezas de remolques caseros, cercas y otros artículos como taburetes, cobertizos y pistolas de papas. Sí, pistolas caseras de papas hechas con tubos de PVC y bandas de goma. Ricky estaba casado con Angela, la segunda hija del tío Everett y la tía Marget. La vida en la granja les dio tiempo para ser creativos y crear nuevos inventos. Con el paso del tiempo en la finca, un día Ricky decidió hacer algo nuevo.

El invento reunió a la familia para jugar.

—Sí, muchachos, vengan a mirar— gritó Ricky.

—¿Qué tienes ahí?— preguntó el tío Wes.

—Es una pistola de papas— respondió Ricky.

—¿Qué hace eso?— preguntó el tío Butch.

—Pues, dispara papas— respondió Ricky.

Para el momento en que toda la familia salió de la casa y se quedaron viendo el artefacto de Ricky, todos se preguntaban qué era lo que iba a suceder allí. La cara de todos estaba plagada de curiosidad.

David comenzó con un montón de preguntas, —¿Qué es esa cosa?—

—Sea lo que sea, es genial— contestó Steven.

—No puedo esperar a ver qué tan rápido va la papa— siguió Allen.

Los ojos del primo estaban totalmente enfocados en el artefacto.

Ricky comenzó una cuenta regresiva.

—10, 9, 8, 7, 6, 5, 4, 3, 2, 1, 0, ¡despegue!— gritó Ricky.

En ese mismo momento, la papa *Russet Burbank* voló por los aires, pasando justo por encima del techo de la granja. La papa *tuberosum* marrón voló por la ventana delantera con la moldura esquinera y directamente sobre la parte superior de las tejas del techo, abriéndose camino sobre la casa finca. Se escucharon vítores en el patio delantero.

—Lo logró— dijo Stephen.

—Increíble— dijo Allen.

—Puedo intentarlo?— preguntó Kristi.

—Yo quiero un turno— dijo Kathy.

—¡Tomemos turnos!— dijo Sherry Kay, con su voz emocionada.

—Es como un juego de "*Annie I over*" —dijo Stephen.

—Vamos a jugar— dijo Allen.

—El que atrapa la papa obtiene un punto— continuó Allen.

—Quien tenga más puntos, gana— dijo Allen.

—Estoy preparado para un desafío— dijo Stephen.

—El que atrape la papa, se gana el punto— continuó Allen.

—El que obtenga la mayoría de los puntos, gana— dijo Allen.

—Yo estoy listo para el reto— anunció Stephen.

En medio de todo el alboroto, Ricky volvió a cargar el artefacto con una papa nueva.

—Déjame tener este turno para mostrarte cómo funciona, dijo Ricky— luego nosotros podemos turnarnos.

—Si somos realmente buenos en eso, podremos atrapar la papa del otro lado— continuó.

—Vaya, eso sería genial— dijo Allen.

—Intentaré atrapar una ahora mismo— dijo Stephen.

Entonces Stephen y David corrieron a la parte trasera de la casa mientras los primos miraban. Ricky comenzó la cuenta regresiva. Todos miraron hacia arriba. ¿Lograría la papa atravesar? ¿La atraparán del otro lado? Era como ver el despegue de un cohete espacial...

—Ricky gritó: ¡Despegue!

Capítulo 3
Ética de trabajo de Allen
(Capítulo dedicado a Sargento Allen Campbell)

Tener una finca significa que el día comienza desde muy temprano en la mañana. El abuelo y Allen usualmente se levantaban a las 3 de la mañana y empezaban su día con una taza de café. Luego Allen se iba rumbo al granero.

—Buenos días Allen— dijo la abuela Alene.

—¿Quieres tu café en un termo?

—Sí lo quiero y buenos días abuela— le contestó.

—¿Le harías saber al abuelo que me dirijo al granero para cambiar el grano?— le preguntó Allen.

La paja necesitaba ser separada del grano. Este proceso se le llama trillar y Allen sabía cómo hacerlo de forma rápida y precisa.

—Sí, se lo haré saber— respondió la abuela Alene.

—Regresaré a desayunar a las 6:30 am— le dijo Allen.

Coffe

Mientras salía por la puerta, agarró sus botas con punta de acero y besó a la abuela Alene en la mejilla.

—Te amo, abuela— dijo Allen.

—Yo también te amo— respondió la abuela Alene.

Antes de dirigirse al establo, Allen preparó todo el equipo necesario para el día. Esto incluía; una pala, una carretilla y una espada. Luego, el camión rojo se utilizó para transportar el equipo desde el establo hasta la porqueriza y de ida y vuelta en los campos. Después de cargar el camión, Allen se dirigió al granero.
Alimentar al ganado es una tarea enorme. En Grissom Greenup Farm, las tareas comenzaron con los caballos en el establo principal, luego las vacas y por último los cerdos.

—Aquí tienes, Muffin— dijo Allen mientras vertía alimento en el contenedor de la esquina del establo.

Muffin fue puesto cerca del frente del granero. Si es necesario, ese puesto podría usarse para más de un caballo. Muffin era el más pequeño de los caballos porque era un caballo miniatura (pony).

—Buena chica— continuó Allen. Come todo lo que puedas— repitió Allen.

Muffin se atrincheró y empezó a relinchar de satisfacción. Ella estaba disfrutando cada bocado.

Allen continuó por el pasillo del establo, alimentando a los otros caballos. También puso agua al lado del balde del grano, en un recipiente separado en cada puesto. Si uno de los establos necesitaba limpieza, Allen volvía a colocar la cuerda de plomo en el caballo para llevarlo al establo de espera.

El corral estaba en el lado este del granero. El área fue utilizada regularmente para caballos y ganado. A veces, los caballos tenían bozales de pastoreo para asegurarse de que hicieran algo de ejercicio en lugar de comer. Allen hizo rotar los caballos después del desayuno, del granero al corral. Entonces llegó la hora del desayuno.

La abuela Alene preparó el desayuno con avena, huevos revueltos y tocino frito en la estufa. La abuela Alene también comenzó su día temprano ordeñando las vacas.

La leche fresca, tibia y espesa de las vacas se servía todos los días en un vaso de colores. Cada primo anhelaba y disfrutaba completamente la leche tibia.

—¿Puedo tomar otro vaso de leche?— preguntó Allen.

—Sí— respondió la abuela Alene.

—Betsy tiene la mejor leche— dijo Allen.

—Con su leche también se hace la mejor torta de limón— respondió la abuela Alene.

—¿Quieres que los cerdos sean alimentados primero esta vez, abuelo?— preguntó Allen.

—Sí, asegúrate de que los caballos tengan un fardo de heno fresco esta mañana antes de salir al campo— respondió el abuelo.

Allen trabajaba tiempo completo todos los días en la granja, excepto los viernes, que era cuando viajaba a la escuela. Allen siempre completaba sus tareas escolares por las tardes durante la semana. Luego llevó todo su trabajo completo a sus maestros y regresó con nuevas tareas para la próxima semana. No le importaba mientras tuviera tiempo para completarlas.

—Allen, ¿cuál fue el proyecto principal en la granja esta semana?— preguntó el maestro.

—Tuvimos que terminar de reparar la cerca trasera en el lado oeste de la granja— respondió Allen.

—A veces, los cerdos salvajes lo derriban— continuó Allen.

—Para su tarea de escritura, sería una buena experiencia para compartir y escribir— dijo la maestra.

—Para la entrada del diario de esta semana, escriba las diversas actividades que realiza en la granja— continuó.

Sonriendo agradablemente, dijo:
—Está bien.

El abuelo también le había dado a Allen tareas especiales en la granja además de las otras tareas diarias. Estas tareas incluyeron; trabajar en los silos para almacenar el ensilaje, llenando los contenedores de ginebra con maíz y acarreando heno para el ganado. Allen nunca se detuvo durante el día. Era conocido por llenar los tractores y vehículos con gasolina del tanque de gasolina de la granja o reparar tractores u otros equipos agrícolas.

Allen amaba la granja y eso se reflejaba en su ética de trabajo.

TOMATOES
DICED
CAPSICUM
CAPSICUM
Champignons
PEAS
Raspberries
SWEET CORN
CREAM STYLE
OLIVES
SLICED
CARROTS

Capítulo 4
La despensa de alimentos, las escondidas & Kickball

Frascos de lata de okra, pepinillos, tomates, judías verdes, calabaza y maíz se alineaban en la pequeña despensa. A los primos les recordó una tienda de comestibles. Cada frasco estaba etiquetado con la descripción, la fecha de uso y los ingredientes. Era como ir de compras.

—¿Qué fue lo que pediste abuela?— preguntó Letha Carol.

—Necesitamos las latas de habichuelas verdes y calabazas— respondió la abuela.

—¿Cuál es el menú para la cena de hoy?— preguntó Kristi.

—¿Vamos a comer filete de pollo frito con puré de papas?— preguntó Kathy.

—No, creo que va a ser pollo, habichuelas verdes, calabaza y panecillos caseros de la abuela.

—¡Delicioso, delicioso!— exclamó Kristi.

A los primos les encantaba tener un concurso de degustación de alimentos que generalmente se realizaba mientras se preparaba la comida.

—Adivina esto— dijo Kristi mientras colocaba una cucharada de compota de manzana en la boca de Kathy.

—Eso es salsa de arándanos, tontita— dijo Kathy.

—No, no lo es— respondió Kristi.

—Es puré de manzana y realmente delicioso— dijo Kristi...

—El último que salga es un huevo podrido— dijo Sherry Kay.

—Es hora de divertirse afuera—continuó.

—¿Qué vamos a hacer?— preguntó Kristi.

—Juguemos al escondite— propuso Sherry Kay.

Los primos salieron corriendo por la puerta principal y se dirigieron hacia el patio delantero.

—Iré primero— dijo Sherry Kay.
—Cuando encuentre a alguien, esa persona será y tendrá que encontrar a la siguiente persona— continuó Sherry Kay.

—Si regresas al gran roble, estás a salvo— dijo Sherry Kay.
—¿Todos entienden las reglas?— preguntó Sherry Kay.

—Tu mano tiene que estar en el gran roble— dijo Kristi, ¡o serás tú!— ella explicó.

Sherry Kay luego corrió hacia el gran roble y comenzó a contar.

—Cuando llegue a 100, comenzaré a buscar. Mejor vete y escóndete— amenazó Sherry Kay.

—Lo haremos— respondió Kathy.

—1, 2, 3, 4, 5, 6 y...— gritó Sherry Kay, mientras se tapaba los ojos con el brazo que había colocado en el gran roble.
Esto les dio a los primos alrededor de 2 minutos para encontrar un lugar donde

esconderse. Correr y buscar un lugar fue un desafío. ¿Alguien se escondería debajo de la casa? ¿Alguien correría al jardín y se escondería detrás de los tallos de maíz? ¿Alguien más se escondería detrás del cobertizo o en el granero de herramientas? Había que tomar decisiones, decisiones, decisiones y con rapidez.

Kathy corrió hacia un lado de la casa. Encontró una abertura en la cerca de celosía debajo de la casa. Ella se arrastró hacia el espacio.

Letha Carol corrió hacia la parte trasera de la casa y se escondió junto al pozo de agua. El surtidor estaba demasiado lejos para verlo desde el gran roble.

Kristi corrió en dirección opuesta hacia el garaje trasero. Planeaba ver a Sherry Kay correr por la parte de atrás y luego correr hacia el gran roble.

—Listo o no, aquí voy— gritó Sherry Kay.

Luego corrió al jardín y escaneó el área. Nadie estaba ahí. A continuación, corrió hacia la parte trasera de la granja.
El corazón de Kristi latía rápido. Tenía el ojo puesto en el gran roble y comenzó a correr hacia él. ¿Iba a lograrlo? Llena de determinación, sus piernas corrieron tan rápido como pudieron.
Sus ojos estaban en el gran roble y justo cuando Kristi estaba a unos tres pasos del árbol, Sherry Kay dobló la esquina de la granja. Kristi miró hacia arriba y respiró hondo.

—Te voy a atrapar— dijo Sherry Kay.

—Atrápame si puedes— la desafió Kristi.

A un pie del árbol, Kristi logró estirar la mano y tocarlo. Sherry Kay estaba a no más de medio metro detrás de ella. Kristi suspiró aliviada cuando su mano tocó el árbol. Había llegado al árbol antes que Sherry Kay. ¡Estaba a salvo!
Sherry Kay no dejó de buscar a los demás, así que corrió hacia el costado de la granja gritando:

—¡Aquí voy a buscarte!—

Al igual que el béisbol y las escondidas, el kickball era otro juego al aire libre muy divertido. Los primos lo jugaban en el campo de béisbol frente a la granja. Esta noche en particular, los primos decidieron que jugarían kickball.

—Podemos formar nuevos equipos— sugirió Kristi.

—Funciona para mí— dijo Sherry Kay.

—Digamos niños contra niñas— sugirió Stephen.

—Eso significa que David, Stephen y Allen están en un equipo y Sherry Kay, Kathy, Letha Carol y yo en el otro— respondió Kristi.

—¿Será que eso funciona?— preguntó Esteban.

—Vamos a votar: di 'yo' si estás de acuerdo— dijo Kristi.

El sonido de los "yoes" lo tenía.
Con esto, todos estuvieron de acuerdo.

Capítulo 5
Adiós, adiós cerdito-
¿Alguien quiere tocineta?

La mayoría de las granjas tienen gran variedad de animales que van desde pollos, vacas, caballos, conejos y cerdos. A Sherry Kay le encantaba llevar los restos de comida de la mesa de la cocina a la porqueriza. La pocilga de cerdas estaba detrás de la granja y contenía unas 50 cerdas. Los cerdos *American Heritage Tamworth* (macho) y los cerdos *Gloucester Old Spots* (macho) estaban al otro lado de la calle en otro corral. El abuelo tenía alrededor de 200-400 cerdos a la vez. ¡En una época incluso tuvo 1.000 cerdos! El abuelo criaba, alimentaba y vendía cerdos durante todo el año.

—194, 195, 196, 197, 198, 199 y 200 cerdos— contó Kristie.

—¿200?— preguntó Kathy.

—¿Está segura?— preguntó Sherry Kay.

—Pensé que el abuelo tenía más— dijo Sherry Kay.

—Sí, eso es lo que conté— contestó Kristi.

—El abuelo generalmente tiene más que eso— dijo Sherry Kay.

—¿Cuántos hay generalmente allí?— preguntó Kristi.

—Alrededor de 400 cerdos— respondió Sherry Kay.

—¿Vas a las porquerizas y los cuentas todos los días para el abuelo?— preguntó Kathy.

—Allen, Stephen o yo venimos una vez a la semana para contarlos— dijo Sherry Kay.

Pensando en voz alta, Sherry Kay dijo:
—Me pregunto, ¿qué pasó con los otros 200 cerdos?

Al otro lado de la calle, cerca del granero, es donde se guardaban los cerdos de *Yorkshire*.

Hoy, Sherry Kay estaba llena de curiosidad y decidió seguir a Allen a la porqueriza al lado del granero. Por suerte ese día, llegó el momento de preparar los cerdos para la venta.
En una granja eso podría significar dos cosas diferentes; vender a un comprador local que saca los cerdos de la granja para criarlos, o el comprador prepara el cerdo para el consumo preparando la carne. Esta fue una experiencia nueva para los primos,

ya que la venta de cerdos solo ocurría dos veces al año.

—Vamos, no quiero llegar tarde para mirar— dijo Sherry Kay.

—Ya vamos— respondió Kristi.

—El abuelo dijo que podemos ver qué cerdos se venden— afirmó Sherry Kay.

—Dale, dale, dale— dijo Kristi.

—No puedo encontrar mi zapato— dijo Kathy.

—¡Oh, chica!— exclamó Letha Carol.

—La búsqueda del tesoro otra vez— agregó Sherry Kay.

Con eso, los primos se dispusieron a encontrar el zapato perdido. Tan pronto como los primos lo encontraron, se dirigieron hacia los grandes camiones. Los cerdos que se habían vendido ya estaban siendo cargados en ellos. El abuelo y varios hombres ya habían cargado un par de cientos de cerdos y estaban terminando.

Cuando los primos llegaron al sitio de carga, fue como mirar un mar de cerdos. Se escuchaban los chillidos a kilómetros a la redonda y los primos miraban asombrados cómo iba el proceso.

—¿Adónde se llevan los cerdos?— preguntó Kathy.

—A otra granja para prepararlos para que se conviertan en tocino— contestó Allen.

—¡Qué!— exclamó Sherry Kay.

—¡Tocino! Eso significa que no habrá más cerditos— exclamó Letha Carol.

—Eso es correcto— respondió Allen.

De esta manera, una inconfundible mirada de sorpresa se podía ver en los rostros de los primos.

Capítulo 6
De regreso a Texas, de regreso a Georgia y de regreso a Illinois

Al final de la visita a Grissom Greenup Farm, los primos apilaron sus maletas uno encima del otro y se prepararon para el viaje de regreso a casa. Siempre era una ocasión triste porque significaba que el verano había terminado y pasaría otro año antes de que los primos se volvieran a ver.

—¿Podemos jugar un juego más de "La empleada vieja"?— Kristi le preguntó a la tía Letha.

—Tenemos que asegurarnos de tener todas nuestras cosas empacadas y en el carro, antes de que papá regrese del campo con el abuelo— respondió la tía Letha.

—Chicas, recojan sus muñecas, zapatos y ropa— continuó tía Letha.

De pie en el marco de la puerta estaban Sherry Kay y Letha Carol. Este era siempre el día más duro del verano.

—Les escribiré una carta— dijo Sherry Kay.

—Yo también— agregó Letha Carol.

—Te enviaré algunas fotos de Texas— dijo Kristi.

—Te haré algunos dibujos— continuó Kathy.

Los primos luego se juntaron y se dieron un fuerte abrazo. Fue muy difícil decir adiós.

—Los amo chicos— dijo Kristi.

—Yo también te amo— siguió Kathy.

—Todos nos amamos— concluyó Sherry Kay.

—Seguro que sí— respondió Letha Carol.

Cada verano traía nuevos recuerdos que se sumaban a la lista de cosas que tenían que hacer. Este verano fue especialmente memorable por la nueva invención de la pistola de papas, la pérdida de Wilbur el cerdo y el nuevo juego de kickball. Los primos también estaban creciendo, lo que significaba que también debían pasar tiempo durante el año escolar con otros amigos y conocidos.

Capítulo 7

La Sorpresa: El columpio de la tia Marget

La finca del tío Everett era un lugar que siempre daba gusto visitar. La finca tenía una hermosa casa de dos pisos pintada toda de blanco. La entrada principal estaba a un lado de la casa. Ubicado junto a la puerta, había un columpio vertical. El columpio fue diseñado con dos bancos que estaban uno frente al otro. Cuando el columpio comenzó a moverse, iba y venía de tal manera que podíamos ver claramente la expresión de los rostros de los demás.

—Ve más rápido— dijo Kathy.

—Empuja más fuerte con los pies— gritó Letha Carol.

—Ya vamos bastante rápido— insistió Sherry Kay.

—Siento la brisa en mi cara— dijo Kristi.

—¡Esto es tan divertido!— añadió Kathy.

El columpio se movía de un lado a otro subiendo más y más alto. El viento agitaba el cabello de los primos en sus rostros, mientras el columpio se movía de un lado a otro. Se podían escuchar risitas, carcajadas y sonidos generales de alegría mientras los primos continuaban su juego entretenido.

Mientras la tía Marget observaba cómo los primos se columpiaban, sus pensamientos se desviaron hacia cómo ese columpio había servido no solo como columpio, sino que también había creado recuerdos en otras ocasiones. La primera cita de Robin, las noches viendo a los nietos atrapar luciérnagas y la noticia de Dayla de obtener su licencia de conducir. El columpio se erguía como un manto de recuerdos.

SteakhShake

Capítulo 8
Almuerzo del sábado en el restaurante Carnes y Malteadas

Por suerte, el abuelo quería llevar a los nietos a almorzar el sábado. Esta fue una buena noticia para la abuela Alene, la tía Vi y la tía Letha. Le costaba mucho trabajo preparar tres comidas al día, con 13 bocas que alimentar.

—Chicas, pónganse los zapatos y diríjanse a los vehículos— dijo el abuelo.

—Hoy vamos al restaurante Carnes y Malteadas— continuó el abuelo.

Todos dieron una gran ovación entusiasta.

—¡Sí, qué bueno, yupi!— gritaron las primas.

—Esto si que va a ser divertido— dijo Kristi.

—No puedo esperar más— dijo Kathy.

El restaurante Carnes y Malteadas estaba ubicado en Mattoon, IL, a unas 20 millas de la finca. El viaje valió la pena. El restaurante es conocido por tener hamburguesas de bistec originales y por sus deliciosos batidos (algodón de azúcar, pastel de cumpleaños y masa para galletas con chispas de chocolate, solo por nombrar algunos).

Durante el viaje al restaurante, los primos jugaron un juego de "Veo, veo". Cada uno se turnaba para espiar algo mientras los demás trataban de adivinar qué era.

—Veo algo rojo— comenzó Kristi.

—Es el bolso de tía Letha— dijo Kathy.

—No— contestó Kristi.

—Es la camisa roja de Sherry Kay— replicó Letha Carol.

—No— dijo Kristi.

—Es la esposa de la tía Vi— dijo Sherry Kay.

—¡Sí, lo es!— respondió Kristi.

—Sherry Kay obtuvo un punto y ahora es su turno para espiar algo— anunció Kristi.

Los primos continuaron jugando durante todo el viaje.

Justo cuando estaban terminando el juego, la tía Vi comenzó a contar otra historia de las Hermanas Grissom.

—Cuando éramos adolescentes, el abuelo y la abuela Alene nos llevaban a cantar a diferentes lugares, como conciertos de evangelios, iglesias y campamentos— dijo la tía Vi.

—A veces tocábamos nuestros instrumentos y cantábamos hasta tres o cuatro canciones seguidas.

—Significó mucha práctica, pero nos encantó— continuó la tía Vi.

—Uno de mis recuerdos más divertidos es cuando cantamos en una carpa de reavivamiento…"

—¿Recuerdas a Letha Mae?— preguntó tía Vi riéndose?

—Claro que sí— respondió tía Letha.

—¿Qué sucedió?— preguntó Sherry Kay.

—Sí, queremos saber— insistió Kathy.

—Bueno, nos pidieron que cantáramos en una reunión que se llevó a cabo afuera en una carpa— contó la tía Vi.
—Las luces colgaban dentro de la carpa, las sillas se colocaron en el césped y había un escenario— continuó la tía Vi.

—Había muchos otros grupos de canto presentados esa noche— dijo la tía Letha.
—Cuando nos tocó a nosotros, subimos al escenario y comenzamos a cantar y la primera canción salió genial— continuó la tía Letha.

—La segunda canción fue cuando sucedió— agregó la tía Vi.

—Hacía mucho calor y humedad esa noche. Era verano y las moscas habían salido— dijo la tía Letha.

—Nos habían enseñado a abrir bien la boca para poder cantar y respirar con toda la fuerza. Cuando cantábamos el coro, una mosca voló directo a la boca de tía Letha— dijo tía Vi.

—Fue un espectáculo digno de ver. Tuvo que toser un par de veces para que saliera volando— contó tía Vi sonriendo.

—A pesar de la breve conmoción, ¡seguimos cantando!— dijo tía Letha con una risita.

El vehículo se detuvo en el estacionamiento. ¡Habíamos llegado al restaurante Carnes y Malteadas y era hora de comer! Los primos salieron corriendo del auto y se dirigieron directamente al interior.

—Ordenaré una hamburguesa doble carne original con queso y un batido de vainilla— dijo Letha Carol.

—Me gustaría el sándwich de carne con una malteada de banano— agregó Sherry Kay.

—Voy a pedir la hamburguesa doble carne con tocineta, queso, papas fritas y un batido de fresa— dijo Kristi.

Todavía teniendo problemas para decidirse, Kathy finalmente dijo:

—Ordenaré la hamburguesa del oeste con carne, salsa BBQ y tocineta, con un batido de chocolate Kit Kat.
¡Comida irresistible en buena compañía!

Capítulo 9
Pesca en el estanque y la gran pesca del abuelo

Una parte de nuestro tiempo libre en la finca lo dedicamos a la pesca en el estanque. El estanque que estaba ubicado al costado del granero, estaba repleto de bagres, basa y truchas. Siempre era un placer ir a pescar y el abuelo nos permitía a todos los nietos ir al menos dos o tres veces por semana.

La terraza trasera de la casa servía de almacén para los equipos de pesca, cañas de pescar y congeladores. La pared exterior de la terraza tenía cuatro congeladores llenos de pescado fresco. Hoy iba a ser otro día de añadir más pescado a los congeladores.

—¿Tienes tus botas, tu equipo de pesca y carnada?— el abuelo les preguntó a los primos.

—Asegúrense de tener sus cañas de pescar y anzuelos también—continuó.

—Sí, abuelo, los tenemos todos— respondió Kristi.

—¡No puedo esperar para pescar un pez hoy!— exclamó Kathy.

—Traeré una lata de gusanos— dijo Sherry Kay.

—Y también puedes cebar el anzuelo— dijo Letha Carol.

Con el equipo de pescar, la carnada y las cañas de pescar en la mano, los primos siguieron al abuelo hasta el estanque.

—¿Vienes Stephen?— preguntó Sherry Kay mientras salía por la puerta.

—Sí, yo voy— respondió Stephen.
—Estaré allí en un minuto— continuó.

Mientras, los primos caminaban con el abuelo hacia el estanque. Letha Carol comenzó a hacerle preguntas.

—Abuelo, mamá me contó una historia sobre cuando estaba en el último año de la escuela secundaria— dijo Letha Carol.
—Ella y la tía Velma iban ya tarde a la escuela esa mañana—continuó.
—Y ese día, mamá sintió que necesitaba ir rápido para llegar a la escuela— continuó Letha Carol.
—Mientras conducían por la carretera, las niñas quedaron atrapadas detrás de un tractor que iba a unas 10 millas por hora— dijo Letha Carol.
—¿Qué pasó después?— preguntó Kristi.

—¿Si qué pasó?— repitió Kathy.

—Bueno, las niñas llegaron a la escuela a tiempo— dijo Letha Carol, pero se llevaron una gran sorpresa cuando regresaron a casa esa tarde—.

—Chicas, parecía que tenían mucha prisa esta mañana. Debes haber estado yendo por lo menos a 55 millas por hora— dijo el abuelo.

—Eh, ¿cómo supiste que éramos nosotros?— preguntó Velma.

—¡Yo era el que conducía el tractor!— respondió el abuelo.

En ese momento, lo único que las chicas pudieron hacer fue sonrojarse de asombro... Con el primer lanzamiento de la caña de pescar, el abuelo obtuvo una mordida. Vimos cómo la línea subía y bajaba. ¿Iba a ser un pez gordo? ¿Los primos también podrían pescar un pez?

El abuelo comenzó a tambalearse en la línea. La lucha fue dura ya que la línea se había vuelto tensa por el tirón. Esto iba a ser uno grande.

—Prepara la red, Allen— ordenó el abuelo.

—Parece que probablemente pesa al menos 10 libras— dijo Allen.

Después de un par de minutos de tirar, el abuelo dio una última vuelta al carrete. El pez apareció en la superficie del agua y estaba listo para ser puesto en la red.

—Así es. Este pesa alrededor de 10 libras— dijo el abuelo.

—¿Puedo usar esa caña de pescar?— preguntó Kristi.

—¿Puedo usar la misma carnada?— preguntó Sherry Kay.

Era hora de que los primos pescaran algo.

Capítulo 10
El gran roble y la combinación de granos de trigo

El gran roble se erguía en el lado izquierdo frente a la granja. Enormes rocas planas rodeaban el roble. Las rocas sirvieron como asientos para los juegos de béisbol, asientos para prepararse para ir a la ciudad y un lugar para colocar cosas cuando fuera necesario. El gran roble estaba envejecido con anillos y era tan alto que se podía ver desde las otras fincas. Se mantuvo como un emblema de la finca Grissom Greenup.

—Estoy lista— le dijo Vi a Letha Mae.

—Vamos Velma, nos vamos a las canchas a jugar— continuó Vi.

—¿Trajiste tu muñeca?— le preguntó Letha Mae a Vi.

—Sí, solo estoy esperando a Velma y a Lela— dijo Vi.

Mientras los primos estaban sentados bajo el gran roble, Letha Carol empezó a contar otra historia de las hermanas Grissom...

—Un día, las hermanas juntaron sus muñecas y decidieron ir a jugar a los cultivos de trigo. Los cultivos estaban llenos, lo que creó un divertido juego al aire libre de correr y jugar a través de las islas rectas—.

—Por aquí— dijo Letha Mae mientras señalaba hacia la cosechadora de granos de trigo. Las otras hermanas comenzaron a correr más rápido.

El abuelo estacionaba la cosechadora gigante en los campos para usarla otro día. El cabezal se arremolinaba y giraba mientras la máquina capturaba el grano. Separaría la cáscara de la paja. El brazo largo retiraba la cáscara de la máquina mientras la paja se almacenaba en el contenedor. A las hermanas les encantaba jugar con el brazo largo. Se subían a él y caminaban a lo largo de él. Fue realmente atrevido y emocionante.

—Iré primero— dijo Vi.

—Ten cuidado— dijo Letha Mae.

—Lo haré— respondió Vi.

Vi dio sus primeros pasos sobre el largo brazo de la cosechadora. El brazo era redondo y había que caminar por el medio como si fuera una barra de equilibrio. Vi siguió caminando sobre el brazo largo y mientras caminaba, el brazo se movió hacia el suelo hasta que tocó el suelo. Luego, Vi saltaba y el brazo volvía a su lugar. Era como un balancín. El siguiente fue el turno de Letha Mae.

—Lo puedes hacer— le gritó Vi a Letha Mae.

Sujetando con fuerza a su muñeca, Letha Mae se movió lentamente sobre el brazo.

—Uno, dos, tres pasos— dijo Letha Mae.

—Me tomó ocho pasos mover el brazo hacia abajo— respondió Vi.

El brazo comenzó a moverse tan pronto como se dio el octavo paso.

—¡Vaya! ¡Qué miedo da esto!— dijo Letha Mae.

—Voy a lograrlo— continuó.

—Cuatro, cinco, seis, siete, ocho— dijo, mientras saltaba al brazo.

—Es tu turno, Velma— dijo Vi.

—Está bien, lista o no, aquí voy— dijo Velma.

Y justo cuando Velma se subió al brazo, adivina quién apareció...

Capítulo 11
Comprando muñequitas en Decatur, Illinois

Ir de compras era una actividad favorita en la finca y este día en particular iba a ser el mejor. Robin, Angela y Dayna habían venido de visita a la finca. La tía Marget vino a buscar a los primos para ir de compras con las niñas.

La emoción llenó la sala de estar mientras las tías discutían las actividades para ese día. Primero, íbamos a la plaza del centro, almorzábamos en McDonalds y luego íbamos de compras.

Decatur era una ciudad ocupada con muchas tiendas familiares. Había tiendas llenas de antigüedades, cinco y diez centavos y otros negocios que incluían una ferretería, una oficina de correos, un concesionario de automóviles y varios restaurantes.

—Comenzaremos en la tienda de ropa local— sugirió la tía Marget.

—Será divertido ir a ver vitrinas con la última moda— dijo la tía Vi.

—Quiero ver la nueva colección de primavera— respondió la tía Letha.

—Chicas, súbanse al asiento trasero del auto— dijo la tía Letha.

—Me pido la ventana— anunció Kristi.

—Yo me pido la otra ventana— recalcó Sherry Kay emocionada.

Las chicas corrieron hacia el auto, abrieron la puerta y se subieron emocionadas por el comienzo del día de compras.

Después de estacionar los autos, los primos se bajaron y se alinearon en la acera. Robin, Angela y Dayna también salieron del otro auto y caminaron para encontrarse con los primos.

—Creo que tenemos que separarnos— dijo Robin, de esta manera podemos hacer más compras. Si alguien encuentra una gran muñeca bebé, entonces podemos volver a encontrarnos e ir a comprar otra muñeca bebé.
—¿Suena como un plan?— preguntó Robin.

—No lo sé— dijo Sherry Kay.
—¿Qué pasa si no encontramos una muñeca que nos guste?— preguntó Sherry Kay.

—Bueno, tendremos que buscar hasta que encontremos la correcta— dijo Angela.

—Si, nosotros buscaremos las mejores muñecas para cada una de ustedes— les dijo Dayna.

Los primos formaron dos grupos. El primer grupo estaba con la tía Marget y la tía Letha. Robin, Sherry Kay y Kristi también estaban en ese grupo. La tía Vi, Angela, Dayna, Letha Carol y Kathy estaban en el segundo grupo. Se separaron y comenzaron en lados opuestos de la calle.

TOYS

—Parece que esta tienda podría tener una muñeca— dijo Kristi mientras dirigía al grupo.

—Vamos a entrar— dijo Robin.

Entraron en busca de muñecas, pero esta tienda también tenía todo tipo de otras cosas, incluyendo ropa, zapatos, artículos domésticos y productos para la decoración del hogar.

—Voy a ir al departamento de juguetes— le dijo Kristi a Robin.

—Está bien, iré contigo— le dijo Robin.

Juntas caminaron hacia la parte de atrás de la tienda para buscar muñecas. El otro grupo comenzó en una tienda al otro lado de la calle.

En ese momento, Kathy, que era la más joven, salió corriendo entre dos autos estacionados. La abuela Alene se movió rápidamente detrás de ella. De repente, se escuchó el sonido de los frenos chirriando y luego el tráfico que se aproximaba se detuvo.

—¡Kathy, detente!— le ordenó la abuela Alene.
—Debes tomar mi mano para cruzar la calle.
—No es seguro caminar entre los autos porque eres muy pequeña— continuó la abuela Alene, no pueden verte—.

—Lo siento, abuela— le respondió Kathy.

Mientras continuaban cruzando la calle, lo único que estaba en la mente de Kathy eran muñecas.

Después de algún tiempo, Kathy declaró: —Encontré la muñeca. Tiene un vestido azul con encaje blanco— continuó.

—Ok, vamos a comprarla— dijo Dayna.

—Asegúrate del precio y luego llévala al frente para pagarla— dijo la tía Vi.

El día terminó una vez que regresaron a la finca. Las primas felizmente exhibieron y discutieron sus nuevas muñecas. ¡Qué día de compras tan divertido ha sido éste!

Capítulo 12
Navidad en la granja del tío Everett

La granja del tío Everett y la tía Marget estaba llena de alegría durante la temporada navideña. La casa estaba decorada con luces, guirnaldas y toda la guarnición. El comedor sirvió como área de reunión para una variedad de deliciosas comidas tradicionales. Pavo, aderezo, habichuelas verdes y frescas, mazorcas frescas, okra frita, diferentes ensaladas (papa, arándano, almendra y huevo) y batatas. La familia formaba una fila y llenaba sus platos con comida. Los primos comían en la sala mientras los mayores comían en el comedor.

—oigan niños, ¿quieren jugar a los atrapados en la nieve?— preguntó Sherry Kay.

—Oh, eso suena muy divertido— dijo Kristi.

—Tal vez el tío Everett pueda sacar un trineo para nosotros— dijo Kristi.

—Vamos a preguntar si también podemos dar un paseo en carruaje— sugirió Letha Carol.

Después de una conversación con el tío Everett, aceptó un paseo en trineo y un paseo en carruaje. El día estaría lleno de comida y diversión.

—Ustedes, jóvenes, pónganse sus sombreros, abrigos y guantes— les dijo el tío Everett.
—Robin, prepara a las chicas— continuó.

—Ángela, ven conmigo a preparar los trineos y el tractor— continuó.

Los primos se pusieron sus cálidos abrigos, bufandas, guantes y botas. El paseo en trineo sería primero y luego daríán el paseo en carruaje. La noche anterior había nevado y el suelo estaba cubierto de nieve recién caída. David fue el primero en subirse al trineo. Allen entonces tiraría del trineo con el tractor.

Los primos se turnaron el trineo. A veces, podían viajar dos primos juntos y empujar la nieve hacia adentro. La nieve se sentía fría y las yemas de los dedos estaban congeladas, pero era tan divertido que no te importaba.

—Te tengo— dijo David, mientras le lanzaba una bola de nieve a Letha Carol y ambos esperaban su turno en el trineo.

—Oh, no no me tienes— le respondió Letha Carol.

Ella rápidamente hizo una bola de nieve en su mano y se la lanzó de regreso. Era la primera guerra entre hermanos. Los otros primos rápidamente entraron a la guerra y qué juego tan divertido. Cada uno quedó completamente cubierto de nieve.

Cuando llegó el momento del paseo en carruaje, los primos ayudaron a amontonar el heno en el tractor. El tío Everett puso en marcha el tractor y el humo se elevó hacia el cielo del norte.

Anticipándose al viaje, los primos se rieron y se rieron tontamente. Este paseo en carruaje les daba a los primos la libertad de conducir por millas en los caminos agrícolas donde la vida se detenía y los sueños se hacían realidad.

Justo después de esa aventura, comenzaron a planear la siguiente...

SUGERENCIA DE ACTIVIDADES ACADÉMICAS

1. Para cada ilustración, observa la imagen y luego infiere lo que está sucediendo en la ilustración. Compara tu conclusión con la conclusión del autor. ¿Qué fue igual? ¿Qué fue diferente?
2. Por diversión, crea una nueva aventura para los primos y luego compártela con alguien.
3. Pídale a alguien que te lea parte de un capítulo. Mientras escuchas, dibuja lo que crees que está sucediendo en la historia. Esto podría ser un mapa mental, una tira cómica, una publicación en las redes sociales o simplemente un pensamiento (burbuja de personajes). Al final, asegúrate de compartir tu trabajo, compartiendo

en voz alta tus pensamientos e ideas.

4. Para una búsqueda del tesoro de palabras desconocidas, lleva un diario de las palabras que no ha escuchado o visto antes. Después de cada capítulo, revisa las palabras y haz tu propio diccionario. Trata de usar esa palabra en una oración propia. Sé creativo, conviértelo en una pregunta, una cita o incluso una broma usando la nueva palabra.
5. Juega "Adivina lo que sigue". Después de leer un capítulo y luego comenzar uno nuevo, adivina lo que va a suceder a continuación. Lee el título y trata de predecir todo para ese capítulo. Esto podría ser muy divertido asumiendo lo que un personaje podría decir y hacer.
6. Juega a tu juego favorito usando alguna parte del contenido de este

libro. Por ejemplo, si te gusta jugar al bingo, usa tus palabras favoritas del libro para completar la tabla de bingo. B6 sería la valla de madera.

7. Otro juego sería la búsqueda de palabras. Haga una lista de palabras del libro y luego usted y sus amigos pueden buscar esas ciertas palabras en el libro.
8. Otro juego favorito es crear un crucigrama de rompecabezas. A muchos estudiantes les gusta hacer su conexión con las palabras mediante el uso de frases.
9. Planta tu propio pequeño jardín y registra el proceso. Con el permiso de los padres o tutores, planta semillas para hacer un jardín o una planta pequeña. Tomar fotos o videos cortos del proceso podría ser divertido y aumentar el conocimiento. Asegúrese de hacer

su investigación antes de comenzar. Es útil saber qué suministros necesitará antes de comenzar a crear su jardín.

10. Como lector, asegúrese de tomarse un tiempo para reflexionar sobre la lectura de hoy. A algunos lectores les gusta resaltar palabras, frases o partes favoritas de una historia.
11. Puedes jugar un juego de ortografía usando las palabras de la historia. Esto se puede hacer en parejas, grupos pequeños o en un grupo grande.
12. Esta historia tiene muchos flashbacks. Revisa el flashback de cuando las Hermanas Grissom limpiaron el gallinero. Escribe un párrafo corto sobre una experiencia divertida que hayas tenido.

FOTOS DE LA FAMILIA

Sargento Allen Campbell

El Columpio de Margaret

Primos

Las hermanas Grissom cuando estaban jóvenes

THE OAK RIDGE QUARTET
Nashville, Tenn.

OLD FASHIONED

THE SINGING SPEER FAMILY
Nashville, Tenn.

GOSPEL SING CELEBRATION

SEPTEMBER 20th — 8 P. M.
STEPHEN DECATUR HIGH SCHOOL AUDITORIUM
400 N. FRANKLIN STREET DECATUR, ILLINOIS

PRESENTING

THE FABULOUS OAK RIDGE QUARTET — THE SINGING SPEER FAMILY
THE KELTONS & THE MELODY MITES — THE WONDERFUL GRISSOM SISTERS

SPONSORED BY

A. F. JENKINS—CONDUCTOR OF THE SHARE YOUR BLESSINGS RADIO BROADCAST HEARD SUNDAYS 12:30 P.M. TO 1:30 P.M. OVER STATION W H O W CLINTON, ILLINOIS 1520 kc. A BROADCAST DESIGNED ESPECIALLY FOR AND DEDICATED TO OUR SENIOR CITIZENS.

BEAUTIFUL GROUP PHOTOGRAPH OF ALL THE GROUPS SINGING BY CECILS STUDIO, 651 WEST ELDORADO STREET, DECATUR, ILLINOIS.

BEAUTIFUL FLORAL STAGE DECORATIONS BY McMANUS FLORISTS, 1016 W. PERSHING ROAD, PHONE 877-1150.

TICKETS ON SALE AT CARSON'S JEWELERS, 300 N. WATER ST., DECATUR, ILL.

TICKETS $1.00 UNTIL SEPT. 15th
TICKETS $1.25 AFTER SEPT. 15th
TAX INCLUDED

ORDER BY MAIL ADDRESS:
A. F. JENKINS
561 W. GREEN ST.
DECATUR, ILLINOIS

THE WONDERFUL GRISSOM SISTERS

THE KELTONS AND THE MELODY MITES

Las hermanas Grissom 1964
(Letha, Velma, Vi)

La casa de los tios Everett y Marget

El abuelo ayudando a su nieto
a bombear agua

El abuelo, Vi y Letha en la máquina combinadora de grano de trigo

Allen y David en el tractor

Los primos en navidad

Los primos con los abuelos

Acerca de la autora- Dra. KRISTINA WEEKS

La Dra. Weeks es mejor conocida como "Una educadora que disfruta aprender y le encanta ver a otros tener éxito". Su visión es continuar como Líder de Educación Ejecutiva en administración y administración.
La Dra. K. Weeks tiene 28 años de experiencia en educación y ha trabajado como escritora de currículos, entrenando personal, administradora, directora y educadora.

También tuvo la oportunidad de trabajar como Asistente Técnica de Lectura para la Universidad de Texas en asociación con la Agencia de Educación de Texas para supervisar varios distritos con lectura, RTI, diferenciación y plan de estudios.

Ella ha capacitado a maestros y personal sobre diversas estrategias de instrucción, currículo y evaluación. Su viaje en la educación la ha llevado a estar en los estándares estatales de escritura para ELAR, Matemáticas y Música; participar en la puntuación y calificación de ETS.

Tiene dos maestrías (Liderazgo, Administración y Consejería - SHSU y Currículo e Instrucción - HBU). En 2021, la Dra. Kristina Weeks obtuvo su Doctorado en Liderazgo Educativo.

Certificaciones completadas; Superintendente, Director, Maestro, ELL, Educación Especial y Superdotados y Talentosos. También ha completado T-Pess, T-Tess, AEL e IDF para el Liderazgo de Educación Avanzada y es parte de TASA, TCWSE, TCCA, AASA y AERA.
La Dra. K. Weeks ha estado casada durante 29 años con Sean. Tiene tres hijos (Kristian, Shane y Preston). Kristian está casado con Kristie y su primera hija, Klaire nació el 15 de mayo. Shane está casado con Adrien y su primer hijo, Luke, nació el 10 de abril. Preston (el hijo menor) asiste a Stephen F. Austin en Nacogdoches, Texas.

OTROS TRABAJOS DE LA DRA. KRISTINA WEEKS

Grissom Greenup Farm, the Adventures of the First Cousins. April 2020 - La finca de los Grissom en Greenup, aventuras de los primeros primos. Traducido en Marzo 2022

Grissom Greenup Farm, the Adventures of the First Cousins Book 2. May 2021- La finca de los Grissom en Greenup, las aventuras de los primeros primos, Libro 2. Traducido en Abril de 2022

Grissom Greenup Farm, the Adventures of the First Cousins Book 3. November 2021- La finca de los Grissom en Greenup, las aventuras de los primeros primos, Libro 3. Traducido en Septiembre de 2022

Siguiente nivel de juego octubre 2021

La Dra. Weeks también ha escrito un capítulo en *Challenges in Rural Setting: A Practitioner Case Study (Building Capacity for Leadership and Social Change in Rural Setting.* 10 de diciembre de 2020).

Ella desea continuar escribiendo y publicando libros relacionados con la investigación educativa.

www.ingramcontent.com/pod-product-compliance
Lightning Source LLC
LaVergne TN
LVHW050538100826
845148LV00002B/608